dick brun

miffy au parc

CASTELMORE

Un jour, papa Pompon dit:

nous sortons aujourd'hui.

Nous allons au parc!

Miffy dit: super, youpi!

Ils prirent la voiture,

car le parc était loin.

Mais papa Pompon annonça:

nous y sommes enfin!

Oh oui! Je le vois, dit Miffy.

Ce parc est parfait, je crois,

mais par quoi commencer?

La balançoire est un bon choix!

Regarde! Miffy se balance,

elle se tient fort, mains serrées.

Elle aurait pu rester assise,

mais elle préfère se lever!

Ensuite les anneaux, c'est rigolo!

Vers l'arrière, vers l'avant.

C'est chouette, dit Miffy,

j'en ferais bien tout le temps!

Miffy la maligne s'enroula

autour de la barre.

Admirative, maman dit:

Miffy, tu es une star!

Oh! un arbre où grimper!

Miffy monta tout en haut.

Oh là là ça fait peur

mais le paysage est très beau.

Puis Miffy descendit

sur le toboggan lisse.

Miffy dit: je vole!

Quelle vitesse, quelle glisse!

Oh! une balançoire à bascule! dit papa.

Veux-tu en faire avec moi?

Miffy, bloquée en l'air, rit:

tu es trop lourd, papa!

C'est quoi ce carré bleu

sur la pelouse? Devine!

Tu peux rebondir dessus.

Bravo, c'est un trampoline!

Quand Miffy a bien joué,

maman donne le goûter:

tout le monde a bu son jus de fruits?

Alors il est temps de rentrer!

Enfin papa annonça: en route!

Il faut y aller, c'est parti.

Quelle merveilleuse journée! se dit Miffy.

Et là… elle s'endormit.

Titre original : nijntje in de speeltuin
Texte original Dick Bruna © copyright Mercis Publishing bv, 1975
Illustrations Dick Bruna © copyright Mercis bv, 1975
Édition publiée en France en 2015 par Bragelonne/Castelmore
60-62, rue d'Hauteville - 75010 PARIS
Publication sous licence Mercis Publishing bv, Amsterdam
Traduction © copyright Bragelonne 2015, d'après la traduction en anglais de
Tony Mitton © 2015
Loi n° 49-956 du 16 juillet 1949 sur les publications destinées à la jeunesse
Dépôt légal : octobre 2015
ISBN : 978-2-36231-157-4
Imprimé et relié par Sachsendruck Plauen GmbH, Allemagne
Tous droits réservés, y compris la reproduction de tout ou partie du contenu
sous quelque forme que ce soit
www.castelmore.fr